Anselm Grün

Hans im Glück

Erfüllt leben und loslassen

Anselm Grün

Hans im Glück

**Erfüllt leben
und
loslassen**

benno

Bibliografische Information der Deutschen Nationalbibliothek
Die Deutsche Nationalbibliothek verzeichnet diese Publikation
in der Deutschen Nationalbibliografie; detaillierte bibliografische
Daten sind im Internet unter http://dnb.d-nb.de abrufbar.

Besuchen Sie uns im Internet:
www.st-benno.de

Gern informieren wir Sie unverbindlich und aktuell auch
in unserem Newsletter zum Verlagsprogramm,
zu Neuerscheinungen und Aktionen.
Einfach anmelden unter www.vivat.de.

ISBN 978-3-7462-6424-0

© St. Benno Verlag GmbH, Leipzig 2023
Umschlaggestaltung: Rungwerth Design, Düsseldorf
Gesamtherstellung: Kontext, Dresden (A)

Inhalt

Eine Geschichte
von gelingendem Leben

Nach Glück sehnen wir uns alle. Wir sehnen uns danach, dass unser Leben gelingt. Schon Augustinus hat die These aufgestellt: „Alle Menschen wollen glücklich sein." Heute gibt es viele Glücksbücher, die uns Ratschläge geben, wie wir glücklich werden können. Aber manchmal setzen diese Ratschläge uns unter Druck. Und je mehr wir darauf fixiert sind, glücklich zu werden, desto weniger gelingt es uns. Daher versuchte schon die Philosophie von Anfang an, uns realistischere Wege zum Glück aufzuzeigen. Und auch die Theologie war immer bestrebt, das spirituelle Leben als Kunst des gesunden Lebens zu beschreiben, als einen Weg, mit sich in Einklang zu kommen und glücklich zu werden.

Das sehen wir etwa im Matthäusevangelium. Matthäus hat die Bergpredigt als Weg der Weisheit beschrieben. Dieser Weg soll uns zu einem guten und glücklichen Leben führen. Das zeigt er, indem er die Bergpredigt mit den acht Seligpreisungen beginnt. Da geht es um den achtfachen Pfad zum gelingenden Leben, zum glücklichen Leben. Buddha hat auch einen achtfachen Pfad zum gelingenden Leben beschrieben. Ob die Seligpreisungen darauf Bezug nehmen, wissen wir nicht. Aber Matthäus beginnt sein Evangelium ja mit dem Zug der Magier, der Weisen des Ostens, zum Kind in Bethlehem, um es anzubeten, um in diesem königlichen Kind die Weisheit zu erkennen, nach der sie suchen. Matthäus will damit sagen, dass in Jesus die Weisheit von Ost und West verkörpert wird, dass uns Jesus einen Weg zum gelingenden Leben zeigt, der für alle Menschen gilt. Jesus hat uns in den Seligpreisungen einen achtfachen Pfad zum Glück beschrieben. Es ist ein realistischer Weg zum Glück, der auch die dunklen und schweren Seiten unseres Lebens nicht übersieht.

Gregor von Nyssa, der die acht Seligpreisungen vor dem Hintergrund der griechischen Philosophie interpretiert hat, definiert Glückseligkeit so: „Seligkeit ist nach meinem Dafürhalten der Inbegriff alles Guten, worin auch die Erfüllung eines jeglichen berechtigten Verlangens eingeschlossen ist" (Gregor 155). Und er setzt „glückselig" in Gegensatz zu „mühselig". Wer glückselig ist, kann sich am Leben erfreuen und froh genießen, was Gott ihm schenkt. Und dann bezieht sich Gregor auf die griechische Lehre vom Glück der Götter: „Was nun aber in Wahrheit glückselig ist, das ist das göttliche Wesen. Denn was wir uns immer auch darunter vorstellen mögen, auf jeden Fall ist voll Seligkeit jenes reine Leben, das unendliche, unbegreifliche Gut, die unaussprechliche Schönheit, die lautere Anmut, Weisheit und Kraft, das wahrhaftige Licht, die Quelle alles Guten" (ebd. 155). Schließlich verbindet Gregor die Auffassung der griechischen Philosophie mit der christlichen Theologie: „Da aber Gott den Menschen nach seinem Ebenbilde geschaffen, so wird an zweiter Stelle derjenige seligzupreisen sein, dem wir auf Grund seiner Teilnahme an der wirklichen, unendlichen Glückseligkeit diesen Namen geben" (ebd. 156). Nach

Gregor ist also der glücklich, der mit seinem göttlichen Wesen in Berührung ist, das ihm Christus durch seine Menschwerdung geschenkt hat. Denn Gott ist in Jesus Mensch geworden, damit wir vergöttlicht werden, wie die Kirchenväter immer wieder sagen.

Den Weg, den uns Jesus in der Bergpredigt als Weg zum Glück beschrieben hat, finden wir auch im Märchen „Hans im Glück" wieder. Das Märchen will uns auf erzählerische und spielerische Weise zeigen, wie wir zum Glück gelangen. Da geht es vordergründig nicht um Theologie, sondern einfach um eine konkrete Erzählung, wie Hans den Weg zum Glück findet. Doch wenn wir genauer hinsehen, dann entdecken wir darin sowohl eine philosophische als auch eine theologische Weisheit. Hans ist in allen Situationen seines Lebens glücklich, auch wenn er das, was er gerade besitzt, verliert bzw. gegen etwas Minderwertiges eintauscht. Das entspricht durchaus den acht Seligpreisungen, in denen Jesus zeigt, wie wir in jeder Situation, in der Armut, in der Trauer, in der Verfolgung, in ungerechten Strukturen, dennoch glücklich sein können. Glücklich ist nicht der, der immer Erfolg hat, sondern der, der in jeder Situation im Einklang mit sich selbst ist, der sich auf jede Situation einstellen kann und sich nicht aus seinem inneren Frieden herausreißen lässt.

Auf den ersten Blick ist das Märchen eher ein Weg zum Unglück. Denn Hans verliert alles, was ihm Glück verheißen kann: Gold, Pferd, Kuh, Schwein, Gans und die Schleifsteine. Wir meinen, das Märchen würde uns den Weg zum Unglück beschreiben. Aber am Schluss ist Hans der glücklichste Mensch. Er lässt sich durch die verschiedenen Widerfahrnisse nicht aus seiner Freude am Dasein vertreiben. Er lässt sich auf jede Situation neu ein. Und sein Glück gipfelt darin, dass er nichts mehr hat. Er braucht gar nichts zum Glück als sich selbst und die eigene Lebendigkeit und Lebensfreude.

So möchte ich die Bilder, die das Märchen prägen, in unser Leben übersetzen und als Bilder zum gelingenden Leben aufzeigen. Und ich möchte aufzeigen, wie das Märchen die erste Seligpreisung Jesu auslegt: „Selig, die arm sind im Geiste, ihrer ist das Himmelreich" (Mt 5,3). Das Märchen zeigt auf spielerische und fröhliche Weise, wie wir glücklich sein können, auch wenn wir nichts haben als uns selbst.

Das Märchen
Hans im Glück

nach Jacob und Wilhelm Grimm

Hans hatte sieben Jahre bei seinem Herrn gedient, da sprach er zu ihm: „Herr, meine Zeit ist herum, nun will ich gerne wieder heim zu meiner Mutter, gebt mir meinen Lohn."

Der Herr antwortete: „Du hast mir treu und ehrlich gedient, wie der Dienst war, so soll auch der Lohn sein", und gab ihm ein Stück Gold, das so groß wie Hans' Kopf war.

Hans zog sein Tüchlein aus der Tasche, wickelte den Klumpen hinein, setzte ihn auf die Schulter und machte sich auf den Weg nach Haus.

Wie er so dahinging und immer ein Bein vor das andere setzte, kam ihm ein Reiter vor die Augen, der frisch und fröhlich auf einem munteren Pferd vorbeitrabte.

„Ach", sprach Hans ganz laut, „was ist das Reiten für ein schönes Ding! Da sitzt einer wie auf einem Stuhl, stößt sich an keinen Stein, schont die Schuhe und kommt fort, er weiß nicht wie."

Der Reiter, der das gehört hatte, hielt an und rief: „Ei Hans, warum läufst du auch zu Fuß?"

„Ich muss ja wohl, da ich einen Klumpen heimzutragen habe, es ist zwar Gold, aber ich kann den Kopf dabei nicht geradehalten: Auch drückt mir's auf die Schulter."

„Weißt du was", sagte der Reiter, „wir wollen tauschen, ich gebe dir mein Pferd, und du gibst mir deinen Klumpen."

„Von Herzen gern", sprach Hans, „aber ich sage Euch, Ihr müsst Euch damit abschleppen."

Der Reiter stieg ab, nahm das Gold und half dem Hans hinauf, gab ihm die Zügel fest in die Hände und sprach: „Wenn's nun recht geschwind gehen soll, so musst du mit der Zunge schnalzen und ‚hopp hopp' rufen."

Hans war seelenfroh, als er auf dem Pferd saß und so frank und frei dahinritt. Nach einem Weilchen fiel's ihm ein, dass es noch schneller gehen sollte, und er fing an, mit der Zunge zu schnalzen und „hopp hopp" zu rufen. Das Pferd setzte sich in starken Trab, und ehe Hans sich's versah, war er abgeworfen, und lag in einem Graben, der die Äcker von der Landstraße trennte. Das Pferd wäre auch durchgegangen, wenn es nicht ein Bauer aufgehalten hätte, der des Weges kam und eine Kuh vor sich hertrieb.

Hans suchte seine Glieder zusammen und machte sich wieder auf die Beine. Er war aber verdrießlich und sprach zu dem Bauern: „Es ist ein schlechter Spaß, das Reiten, zumal wenn man auf so eine Mähre gerät wie diese, die stößt und einen herabwirft, dass man sich den Hals brechen kann; ich setze mich nun und nimmermehr wieder auf. Da lob ich mir Eure Kuh, da kann einer mit Gemächlichkeit hinterhergehen und hat obendrein seine Milch, Butter und Käse jeden Tag gewiss. Was gäb' ich darum, wenn ich so eine Kuh hätte!"

„Nun", sprach der Bauer, „geschieht Euch so ein großer Gefallen, so will ich Euch wohl die Kuh gegen das Pferd eintauschen."

Hans willigte mit tausend Freuden ein. Der Bauer schwang sich aufs Pferd und ritt eilig davon.

Hans trieb seine Kuh ruhig vor sich her und bedachte den glücklichen Handel. „Hab' ich nur ein Stück Brot, und daran wird mir's doch nicht fehlen, so kann ich, so oft mir's beliebt, Butter und Käse dazu essen; hab ich Durst, so melk' ich meine Kuh und trinke Milch. Herz, was verlangst du mehr?"

Als er zu einem Wirtshaus kam, machte er Halt, aß in der großen Freude alles, was er bei sich hatte, sein Mittag- und Abendbrot, auf einmal und ließ sich für seine letzten paar Heller ein halbes Glas Bier einschenken. Dann trieb er seine Kuh weiter, immer nach dem Dorf seiner Mutter zu.

Die Hitze wurde drückender, je näher der Mittag kam, und Hans befand sich in einer Heide, die zu durchqueren wohl noch eine Stunde dauerte. Da wurde es ihm ganz heiß, sodass ihm vor Durst die Zunge am Gaumen klebte.

„Dem ist abzuhelfen", dachte Hans, „jetzt will ich meine Kuh melken und mich an der Milch laben."

Er band sie an einen dürren Baum, und stellte, da er keinen Eimer hatte, seine Ledermütze unter, aber so sehr er sich auch bemühte, es kam kein Tropfen Milch zum Vorschein. Und weil er sich ungeschickt dabei anstellte, so gab ihm das ungeduldige Tier endlich mit einem der Hinterfüße einen solchen Schlag vor den Kopf, dass er zu Boden taumelte und sich eine Zeitlang gar nicht besinnen konnte, wo er war.

Glücklicherweise kam gerade ein Metzger des Weges, der auf einem Schubkarren ein junges Schwein liegen hatte. „Was sind das für Streiche!", rief er und half dem guten Hans auf.

Hans erzählte, was vorgefallen war.

Der Metzger reichte ihm seine Flasche und sprach: „Da trinkt einmal und erholt Euch. Die Kuh will wohl keine Milch geben, das ist ein altes Tier, das höchstens noch zum Ziehen taugt oder zum Schlachten."

„Ei, ei", sprach Hans, und strich sich die Haare über den Kopf, „wer hätte das gedacht! Es ist freilich gut, wenn man so ein Tier schlachten kann, was gibt das für Fleisch! Aber ich mache mir aus dem Kuhfleisch nicht viel, es ist mir nicht saftig genug. Ja, wer so ein junges Schwein hätte! Das schmeckt anders, dabei sind dann auch noch die Würste."

„Hört, Hans", sprach der Metzger, „Euch zuliebe will ich tauschen und will Euch das Schwein für die Kuh lassen."

„Gott lohn Euch Eure Freundschaft!", sprach Hans und übergab ihm die Kuh und ließ sich das Schweinchen vom Karren losmachen und den Strick, woran es gebunden war, in die Hand geben.

Hans zog weiter und überdachte, wie ihm doch alles nach Wunsch ging: Begegnete ihm ja eine Verdrießlichkeit, so würde sie doch gleich wiedergutgemacht. Es gesellte sich danach ein Bursche zu ihm, der trug eine schöne weiße Gans unter dem Arm. Sie kamen ins Gespräch, und Hans fing an, von seinem Glück zu erzählen und wie er immer so vorteilhaft getauscht hätte.

Der Bursche sagte ihm, dass er die Gans zu einem Kindstaufschmaus brächte. „Hebt einmal", fuhr er fort und packte sie bei den Flügeln, „wie schwer sie ist, die ist aber auch acht Wochen lang genudelt worden. Wer in den Braten beißt, muss sich das Fett von beiden Seiten abwischen."

„Ja", sprach Hans und wog sie mit der einen Hand, „die hat ihr Gewicht, aber mein Schwein ist auch keine Sau." Indessen sah sich der Bursche nach allen Seiten ganz bedenklich um, schüttelte auch wohl mit dem Kopf. „Hört", fing er darauf an, „mit Eurem Schwein mags nicht so ganz richtig sein. In dem Dorf, durch das ich gekommen bin, ist eben dem Schulzen eins aus dem Stall gestohlen worden; ich fürchte, ich fürchte, Ihr habt's da in der Hand. Sie haben Leute ausgeschickt, und es wäre ein schlimmer Handel, wenn sie Euch mit dem Schwein erwischten: Das Geringste ist, dass Ihr ins finstere Loch gesteckt werdet."

Dem guten Hans wurde bange. „Ach Gott", sprach er, „helft mir aus der Not, Ihr wisst hier in der Gegend besser Bescheid, nehmt mein Schwein da und lasst mir Eure Gans."

„Ich muss schon etwas aufs Spiel setzen", antwortete der Bursche, „aber ich will doch nicht schuld sein, dass Ihr ins Unglück geratet."

Er nahm also das Seil in die Hand und trieb das Schwein schnell auf einem Seitenweg fort, der gute Hans aber ging, seiner Sorgen entledigt, mit der Gans unter dem Arm der Heimat zu.

„Wenn ich's recht überlege", sprach er mit sich selbst, „habe ich noch Vorteil bei dem Tausch: Erstlich den guten Braten, hernach die Menge von Fett, die herausträufeln wird, das gibt Gänsefettbrot auf ein Vierteljahr, und endlich die schönen weißen Federn, die lass ich mir in mein Kopfkissen stopfen und darauf werde ich wohl sanft einschlafen. Was wird meine Mutter für eine Freude haben!"

Als er durch das letzte Dorf gekommen war, stand da ein Scherenschleifer mit seinem Karren. Sein Rad schnurrte und er sang dazu:

„Ich schleife die Schere und drehe geschwind,
und hänge mein Mäntelchen nach dem Wind."

Hans blieb stehen und sah ihm zu; endlich redete er ihn an und sprach: „Euch geht's wohl, weil Ihr so lustig bei Eurem Schleifen seid."

„Ja", antwortete der Scherenschleifer, „das Handwerk hat einen goldenen Boden. Ein rechter Schleifer ist ein Mann, der, sooft er in die Tasche greift, auch Geld darin findet. Aber wo habt Ihr die schöne Gans gekauft?"

„Die hab ich nicht gekauft, sondern für mein Schwein eingetauscht."

„Und das Schwein?"

„Das hab ich für eine Kuh gekriegt."

„Und die Kuh?"

„Die hab ich für ein Pferd bekommen."

„Und das Pferd?"

„Dafür hab ich einen Klumpen Gold, so groß als mein Kopf, gegeben."

„Und das Gold?"

„Ei, das war mein Lohn für sieben Jahre Dienst."

„Ihr habt Euch jederzeit zu helfen gewusst", sprach der Schleifer, „könnt Ihr's nun dahin bringen, dass Ihr das Geld in der Tasche springen hört, wenn Ihr aufsteht, so habt Ihr Euer Glück gemacht."

„Wie soll das gehen?", sprach Hans.

„Ihr müsst ein Schleifer werden wie ich; dazu gehört eigentlich nichts weiter als ein Wetzstein, das andere findet sich schon von selbst. Da hab ich einen, der ist zwar ein wenig schadhaft, dafür sollt Ihr mir aber auch weiter nichts als Eure Gans geben; wollt Ihr das?"

„Wie könnt Ihr noch fragen", antwortete Hans, „ich werde ja zum glücklichsten Menschen auf Erden: Habe ich Geld, so oft ich in die Tasche greife, was brauche ich da länger zu sorgen?", reichte ihm die Gans hin und nahm den Wetzstein in Empfang.

„Nun", sprach der Schleifer und hob einen gewöhnlichen schweren Feldstein, der neben ihm lag, auf, „da habt Ihr noch einen tüchtigen Stein dazu, auf dem sich's gut schlagen lässt und auf dem Ihr Eure alten Nägel gerade klopfen könnt. Nehmt ihn und hebt ihn ordentlich auf."

Hans lud den Stein auf und ging mit vergnügtem Herzen weiter; seine Augen leuchteten vor Freude. „Ich muss in einer Glückshaut geboren sein", rief er aus, „alles, was ich wünsche, trifft ein, wie bei einem Sonntagskind."

Indessen, weil er seit Tagesanbruch auf den Beinen gewesen war, begann er, müde zu werden, auch plagte ihn der Hunger, da er alle seine Vorräte auf einmal in der Freude über die erhandelte Kuh aufgegessen hatte. Er konnte endlich nur mit Mühe weitergehen und musste jeden Augenblick Halt machen; dabei drückten ihn die Steine ganz erbärmlich. Da konnte er sich des Gedankens nicht erwehren, wie gut es wäre, wenn er sie gerade jetzt nicht zu tragen bräuchte.

Wie eine Schnecke kam er zu einem Feldbrunnen geschlichen, wollte da ruhen und sich mit einem frischen Trunk laben; damit er aber die Steine im Niedersitzen nicht beschädigte, legte er sie bedächtig neben sich auf den Rand des Brunnens. Daraufhin setzte er sich nieder und wollte sich zum Trinken bücken, doch ehe er sich's versah, stieß er ein klein wenig an, und beide Steine plumpsten hinab.

Als er sie mit seinen Augen in der Tiefe hatte versinken sehen, sprang Hans vor Freude auf, kniete dann nieder und dankte Gott mit Tränen in den Augen, dass er ihm auch diese Gnade noch erwiesen und ihn auf eine so gute Art und ohne dass er sich einen Vorwurf zu machen bräuchte, von den schweren Steinen befreit hätte; dieses Einzige wäre ihm nur noch hinderlich gewesen.

„So glücklich wie ich", rief er aus, „gibt es keinen Menschen unter der Sonne."

Mit leichtem Herzen und frei von aller Last sprang er nun fort, bis er daheim bei seiner Mutter war.

1. Der Goldklumpen

*H*ans hatte sieben Jahre seinem Herrn gedient. Sieben ist die Zahl der Verwandlung. In diesen sieben Jahren hat sich Hans verwandelt. Diese Verwandlung zeigt sich in seiner Haltung. Er hat gearbeitet, um Geld zu verdienen. Doch jetzt ist es ihm gar nicht mehr so wichtig. Er möchte einfach seiner Mutter eine Freude bereiten. Und er sehnt sich danach, bei der Mutter wieder daheim zu sein, ihr zu zeigen, wie er sich entwickelt hat, dass er durchaus Erfolg gehabt hat. Wenn wir diesen Weg als Bild für unser Leben verstehen, dann bedeutet das, dass Hans zum Ursprungsort seines Lebens zurück möchte, sodass sein Leben eine Einheit wird, ein Ganzes. Und so können wir alle Stationen als Weg zur Ganzheit unseres Wesens sehen, als Weg zu unserem wahren Selbst und zu dem Ort, wo wir für immer geborgen sind. Die Mutter steht nicht nur für die Geburt, sondern auch für den Tod. Denn – wie die Theologie sagt – im Tod sterben wir in Gottes mütterliche Arme hinein. Da sind wir für immer geborgen. So beschreibt das Märchen unseren Weg als Weg der Verwandlung, die im Tod endet. Da werden wir verwandelt in das einmalige Bild, das Gott sich von uns gemacht hat.

Sein Herr lobt Hans wegen seiner treuen Dienste und gibt ihm einen großen Goldklumpen als Lohn. Hans freut sich über die reiche Belohnung und macht sich auf den Weg zu seiner Mutter. Das Gold möchte er ihr bringen und es nicht für sich behalten.

Gold steht für Reichtum, für das Geld, das wir zum Leben brauchen und mit dem wir uns etwas leisten können. Doch Gold hat zugleich auch eine spirituelle Bedeutung. Es steht für den Menschen, der wie Gold im Feuer geläutert wird. Und es steht für Unveränderlichkeit, Ewigkeit und Vollkommenheit. In der christlichen Tradition steht es für die Liebe. Der Goldgrund auf den Tafelbildern des Mittelalters drückt aus, dass in uns Menschen ein himmlisches Licht ist. So kann der Goldklumpen schon zu Beginn des Märchens aufzeigen, wo Hans zuletzt endet: dass er das Gold nicht mehr als äußeren Besitz versteht, sondern als Bild für die Liebe, die ihn ganz und gar durchdringt und die ihn letztlich glücklich macht.

Doch am Anfang ist der Goldklumpen für Hans ein Bild des Reichtums. Dann wird er schwer auf seinen Schultern und drückt ihn nieder. Er kann den Kopf nicht gerade halten und der Goldklumpen lastet schwer auf seinen Schultern. Das sind zwei Bilder für den Reichtum. Wir verbiegen uns oft, nur um noch reicher zu werden, um noch mehr Geld zu verdienen. Wir halten den Kopf nicht gerade, sondern lassen vom Geld unser Denken bestimmen. Und der Reichtum kann uns erdrücken. Er bestimmt unser ganzes Denken, sodass wir nicht frei sind, das Leben zu bedenken, wie es ist.

In Argentinien habe ich erlebt, wie die Reichen ihre Wohnungen bewachen lassen, um sich vor Dieben zu schützen. So wird der Reichtum oft zur Last. Er zwängt uns in ein Korsett, das uns in unserer Freiheit zu erdrücken droht. Oft sind wir mit dem Geld, das wir verdienen, nicht zufrieden. Wir wollen noch mehr haben. Dazu krümmen wir den Rücken, arbeiten immer mehr, bis uns die Arbeit niederdrückt und zu einer Last wird, die wir kaum zu tragen vermögen.

2. Das Pferd

Hans wandert fröhlich nach Hause. Doch auf dem Weg begegnet er einem Reiter auf seinem Pferd. Er ist vom Pferd fasziniert und tauscht den Goldklumpen gegen das Pferd ein. Das Pferd steht für die Kraft und für die Schnelligkeit. Wir meinen, wenn wir Kraft genug haben und wenn wir schnell zum Erfolg kommen, dann sind wir glücklich. Doch das Pferd wirft ihn ab, als er es antreibt, schneller zu laufen. Die Schnelligkeit unseres Lebens kann uns zum Fluch werden.

Hans erwartet vom Pferd eine Erleichterung für sein Leben. Auf dem Pferd kann er reiten, ohne sich anzustrengen. Hans ist von dieser Erleichterung so fasziniert, dass er es als Glück empfindet, dass er den Goldklumpen mit dem Pferd tauschen konnte. Uns kommt das naiv und töricht vor. Denn der Goldklumpen ist offensichtlich viel mehr wert als das Pferd.

Am Anfang ist Hans stolz, auf dem Pferd zu reiten, doch als er es antreibt, schneller zu traben, wirft es ihn ab und er fällt in einen Graben.
Der Erfolg kann uns zu Fall bringen. Er treibt uns an, immer noch mehr Erfolge zu erzielen und immer schneller auf der Karriereleiter hochzuklettern. Doch dann wirft uns das Streben nach schnellem Erfolg irgendwann in den Graben. Erfolg kann man nicht festhalten. Er löst sich oft in unseren Händen auf.

Das Pferd ist bei vielen Völkern Symbol für Jugend, Kraft und Sexualität. Insofern ist es verständlich, dass Hans vom Pferd beeindruckt wird. Denn jugendlich wollen wir alle sein. Doch wir können unsere Jugend nicht festhalten. Ob wir wollen oder nicht, wir werden älter und müssen uns damit auseinandersetzen. Nach Kraft sehnen wir uns auch. Wir möchten die Kraft haben, im Leben das zu schaffen, was wir gerne möchten. Und wir möchten die Kraft bewahren bis ins hohe Alter. Doch auch die Kraft verlässt uns. Wir fühlen uns manchmal schwach und ohnmächtig. Viele wollen das nicht wahrhaben. Doch das Märchen will uns zeigen, dass wir am Erfolg nicht festhalten können. Psychologen sprechen heute von Erfolgsdepression. Wenn ich nach langem Weg endlich den Erfolg erreicht habe, nach dem ich mich gesehnt habe, merke ich, dass der Erfolg allein mich nicht glücklich macht. In der Erfolgsdepression falle ich in ein Loch, oder wie das Märchen sagt: in den Graben.

Auch die Sexualität entspricht unserer tiefsten Sehnsucht nach Lebendigkeit, nach Ekstase. Doch auch die Sexualität löst nicht immer ein, was sie verspricht. Da verweigert der Partner oder die Partnerin die Sexualität. Und wir müssen sehen, wie wir damit zurechtkommen. Und irgendwann verblasst die Schönheit der Sexualität. Manche versuchen dann, die Sexualität mit anderen Partnern und Partnerinnen zu leben. Doch Menschen, die auf ihre Sexualität fixiert sind, erleiden Schiffbruch, sie landen im Graben.

Hans reagiert verdrießlich auf den Fall. Er muss seine Glieder zusammensuchen und sich wieder auf die Beine machen. Doch jetzt ist er ohne Pferd. Das Pferd läuft davon. Die Jugendlichkeit, die Kraft und die Sexualität lassen sich nicht festhalten. Sie laufen davon. Die Reaktion ist Ärger, Enttäuschung oder Verdrießlichkeit, wie es das Märchen ausdrückt. Verdrießlichkeit bedeutet – so sagt es der Duden – Überdruss, Langeweile, Ermüdung, Missmut. Hans ist missmutig und ärgerlich. Man könnte sagen, er wird müde des Erfolges, seine Kraft ermüdet und die Sexualität wird langweilig, wenn sie nicht von Liebe durchdrungen ist. Hans drückt die Negativseite dieser drei Haltungen so aus: „Es ist ein schlechter Spaß, das Reiten, wenn man auf so einer Mähre gerät wie diese, die stößt und einen herabwirft, dass man sich den Hals brechen kann; ich setze mich nun und nimmermehr wieder auf." Er drückt damit in Bildern aus, wie es einem ergeht, der nur auf Erfolg, auf Jugendlichkeit, auf Kraft und Sexualität aus ist. Der Erfolg kann gefährlich werden. Man wird zu Boden geworfen und kann sich den Hals brechen. Wer zu schnell laufen will, der übersieht den Weg und fällt leicht auf die Nase.

In dieser verdrießlichen Stimmung begegnet Hans dem Bauern mit seiner Kuh. Man könnte sagen: Der Zufall sorgt dafür, dass Hans seine Verdrießlichkeit überwinden und sich wieder freuen kann. Doch man könnte auch sagen: Gott sorgt für den, der ein Gespür hat für den Augenblick, der nicht festhält an seinem bisherigen Streben nach Erfolg. Hans ist offen für das, was die Situation ihm anbietet. Und erkennt darin das gnädige Handeln Gottes.

3. Die Kuh

Das Pferd läuft davon. Doch ein Bauer fängt es ein und gibt es Hans zurück. Der Bauer treibt eine Kuh vor sich her. Jetzt ist Hans das Pferd leid und ist fasziniert von der Kuh. Er erwartet sich von ihr Milch, Butter und Käse. Und er sieht den Vorteil, dass er mit der Kuh gemächlich gehen kann. Sein Leben verlangsamt sich. So nimmt er mit großer Freude die Kuh in Empfang.

Das Pferd ist ein Bild für das Männliche. Die Kuh steht für das Mütterliche und für das Nährende. Hans wechselt von einem Pol zum anderen. Aber er bleibt weder beim Männlichen noch beim Weiblichen stehen. Das Ziel des Menschen ist, das Weibliche und Männliche in sich zu integrieren, oder wie Jung sagt, „anima" und „animus" in sich miteinander zu verbinden. Es geht darum, wie die frühen Mönche sagen, ein ganzer Mensch zu werden, der alle Pole in sich vereinigt, der als Mann die „anima" integriert und als Frau den „animus".

In der Symbolik steht die Kuh für die mütterliche Erde, für die Fülle des Lebens und für den bergenden Schutz. In der ägyptischen Mythologie ist die Kuh Sinnbild der Hoffnung und der Erneuerung des Lebens. In Indien wird die Kuh als heilige Ernährerin verehrt. In der germanischen Mythologie spielt die Kuh als Urernährerin und Beschützerin eine wichtige Rolle. Doch die Kuh, die Hans gegen das Pferd eingetauscht hat, erfüllt nicht die Wünsche, die Hans an die Kuh hat. Sie gewährt ihm keinen Schutz. Er ist der Hitze ausgesetzt. Es ist keine Geborgenheit, die die Kuh ihm schenkt. Das langsame Treiben hat ihn müde gemacht. Und die Hitze setzt ihm zu. Da freut er sich, die Kuh zu melken. Doch die Kuh gibt keine Milch. Und die Kuh gibt ihm mit einem ihrer Hinterfüße einen Schlag vor den Kopf, sodass er zu Boden fällt und „sich eine Zeitlang gar nicht besinnen konnte, wo er war".

Wenn wir erwachsen werden, dann können wir uns nicht einfach wieder ins Mütterliche zurückziehen und uns bemuttern lassen. Hans erkennt, dass die Kuh seine Sehnsucht nach dem Mütterlichen und Nährenden nicht zu erfüllen vermag. C. G. Jung meint, der Mann brauche das Mütterliche, das ihn nährt. Aber wenn er zu nah an der Mutter ist, dann tut es ihm nicht gut. Dann bleibt er stehen. Und er wird besinnungslos wie Hans. Er kann nicht mehr klar denken. Er spürt, dass der mütterliche Bereich nicht mehr sein Ort ist. Er muss sich von der Mutter trennen. Jung meint allerdings, dass der Mann sich vom Mütterlichen nicht absolut trennen kann. Denn er braucht das Mütterliche. Jung ist überzeugt: Auch wenn sich der Mann von der Mutter trennt, sehnt er sich oft leidenschaftlich nach ihr. Doch es tut seiner geistigen Gesundheit nicht gut, wenn er zu lange in ihrer Nähe bleibt. Dann kann er sich gar nicht besinnen, wo er steht. Er verliert sich selbst. Für Jung besteht der Ausweg darin, dass wir das Mütterliche auf ein Symbol hin verlagern. Solche mütterlichen Symbole sind für Jung der Himmel, die Kirche und Maria, die für ihn ein Bild ist für den mütterlichen Gott, der uns Geborgenheit verheißt.

Der Metzger, der gerade vorbeikam, hatte auf seinem Wagen ein Schwein. Er klärt ihn auf, dass diese Kuh keine Milch mehr gibt, sondern nur noch zum Schlachten taugt. Doch Hans mag kein Kuhfleisch. Jetzt ist er fasziniert von dem Schwein: „Das schmeckt anders, dabei sind dann auch noch die Würste." So tauscht er die Kuh gegen das Schwein des Metzgers ein und meint dabei, das Schicksal meine es gut mit ihm, er habe wieder Glück gehabt. Er hält den Mann, der ihm die Kuh gegen das Schwein abnimmt für einen Freund. Und er sieht Gottes Wirken darin. So spricht er zum Metzger: „Gott lohn Euch Eure Freundschaft."

4. Das Schwein

*H*ans sieht das Schwein als Glücksbringer. Wir sagen auch von einem, der unverdientes Glück hat: „Er hat Schwein gehabt." Wegen seiner reichen Nachkommenschaft gilt das Schwein als Fruchtbarkeitssymbol. Doch bei den Juden und Moslems wird das Schwein verachtet. Man isst kein Schweinefleisch. In der christlichen Symbolik wird das Schwein, das im Unrat wühlt und gefräßig ist, zum Symbol für Niedrigkeit und Verrohung, für Maßlosigkeit und Völlerei und Unkeuschheit.

Im Märchen steht das Schwein mehr für den Genuss. Hans träumt vom Schweinefleisch, vom Schweinsbraten, in den er genussvoll beißen kann. Er freut sich, den Schweinebraten und die Würste, die man aus dem Schweinefleisch machen kann, genießen zu können. Und er dankt Gott dafür. Denn Gott macht den Verdruss, in den Hans gerät, gleich wieder gut, sodass dem Hans alles nach Wunsch geht. Hans hat genug von der mütterlichen Kuh, von der mütterlichen Geborgenheit. Er möchte ins Leben hinaus und das Leben genießen. Das können wir durchaus als einen Schritt der Befreiung vom Behütetwerden zur Offenheit des Lebens sehen. Er lässt die Kuh los und ist glücklich mit seinem Schwein.

Auf seinem Weg begegnet ihm ein junger Mann, der eine schöne weiße Gans im Arm hält. Dieser Mann erzählt ihm, dass man dem Schulzen ein Schwein gestohlen habe und dass jetzt nach ihm gesucht werde. Wenn sie den Dieb fänden, dann würde er ins Gefängnis kommen, „ins finstere Loch". Davor hat Hans Angst, und er betet zu Gott, dass er ihn davor bewahren möge. Der Mann bewirkt durch diese geschickte Lüge, dass Hans ihm sein Schwein gibt, obwohl er das eigentlich gar nicht wollte. Diesmal wird Hans ausgetrickst. Wenn uns jemand Angst macht wegen unseres Besitzes, dann lassen wir den Besitz lieber los. Denn die Angst ist stärker als die Freude am Besitz.

Wenn wir diese Geschichte als Symbol sehen, dann könnten wir sagen: Das Glück, das wir haben, kann uns schnell verlassen. Da gibt es andere, die neidisch sind auf unser Glück und uns das Glück nicht gönnen. Dann werden wir oft genug ausgetrickst oder aber andere wenden Strategien an, ihren Neid auszuagieren. Eine Weise, den Neid auszuagieren, ist, den anderen zu entwerten. Der fremde Mann entwertet Hans als einen, der eigentlich ins Gefängnis gehört. Ein anderer Weg ist, dass wir dem anderen schaden, indem wir ihm Hindernisse in den Weg legen. Hans sieht es trotzdem als Glücksfall an, dass er sein Schwein loswird. Denn er hat Angst, dass er wegen des Schweines ins Gefängnis muss. Hier kommt zum Ausdruck, dass wir das, was wir besitzen, oft auf Kosten anderer besitzen. Wir haben es gleichsam „gestohlen", es anderen weggenommen. Die Länder des Westens haben die Länder des globalen Südens oft ausgebeutet, sie haben auf deren Kosten gelebt und das, was ihnen gehört, gestohlen. Wir genießen unseren Wohlstand auf Kosten anderer. Er gehört uns nicht.

Heute können wir die Situation von Hans mit der eines Drogensüchtigen vergleichen. Süchtige sind auf schnellen Genuss aus. Aber oft werden sie gezwungen, ihre Drogen entweder zu stehlen oder von einem Dealer zu kaufen. Das führt dann auch oft ins Gefängnis. Wenn wir die Situation eher bildlich sehen, dann können wir sagen: Die Freude auf den Genuss währt nicht lange. Wir haben keine Garantie, dass wir immer genießen können, zumal das Schwein eher an eine begrenzte Menge Fleisch denken lässt. Wer gierig genießen will, der wird auf Dauer unfähig zu wirklichem Genuss. Er muss immer mehr in sich hineinstopfen und merkt gar nicht, wie er sich anderen Menschen gegenüber verschließt und sich letztlich isoliert. Wer zu viel in sich hineinstopft, der schneidet sich von der Verbindung mit anderen Menschen ab. Eine Frau erzählte mir von ihrem Mann, der an Esssucht leidet. Wenn er zu viel gegessen hat, dann ist er verschlossen, und sie kommt nicht an ihn heran. So isoliert uns der maßlose Genuss von anderen Menschen. Und irgendwann werden wir des Genusses überdrüssig, wir werden wie Hans verdrießlich.

5. Die Gans

*H*ans redet sich ein, dass er einen guten Tausch gemacht hat. Gänsebraten ist ein feinerer Genuss als Schweinebraten. Außerdem denkt er an das Fett, das aus der Gans herausträufelt, mit dem er für ein Vierteljahr Gänsefettbrot essen kann. Und er freut sich über die weißen Federn, die er sich in sein Kopfkissen stopfen lassen kann. Dann wird er gut darauf schlafen. Das wird seine Mutter freuen. Er denkt also immer auch bei seinen Tauschmanövern an die Mutter, der er mit dem Gold, mit dem Pferd, mit der Kuh, mit dem Schwein und mit der Gans eine Freude machen möchte.

In der ägyptischen Mythologie spielt die Gans als Urgans eine wichtige Rolle. Sie legt das Weltenei, aus dem die ganze Welt entspringt. In Griechenland war die Gans der Aphrodite heilig. Sie galt als Symbol für die Liebe, für die Fruchtbarkeit und für die eheliche Treue. Die Gänse stehen aber auch für die Wachsamkeit. Im antiken Rom haben Gänse durch ihr Geschrei das Kapitol vor der Zerstörung bewahrt. Im christlichen Bereich gibt es die Martinsgans. Als Martin zum Bischof gewählt werden sollte, hat er sich in einem Gänsestall versteckt. Doch die Gänse haben ihn verraten. Daher gibt es heute noch zum 11. November, dem Fest des hl. Martin, die Martinsgans.

Wenn wir die Gans als Bild für die Wachsamkeit sehen, dann zeigt sie uns einen anderen Weg zum Glück. Heute sprechen wir von Achtsamkeit als dem Weg zu einem erfüllten Leben. Wenn ich in jeden Augenblick achtsam bin, auf das achte, was gerade ist, auf den Menschen, mit dem ich spreche, auf die Schönheit der Landschaft, die ich bestaune, dann bin ich glücklich, dann bin ich frei vom Kreisen um mich selbst. Ich lasse mich ganz auf das ein, was ist.

Ein Märchen ist immer offen für viele Deutungen. Eine Deutung versteht die Gans als Bild für den feinen Genuss. Gänsepasteten sind bei Festmählern sehr beliebt. Doch die Gans erfüllt nicht alle Wünsche von Hans. Daher gibt er sie gerne her, als er den fröhlichen Scherenschleifer bei der Arbeit sieht. Offensichtlich ist weder der Genuss noch die Liebe, für die die Gans steht, beständig. Des Genusses kann man überdrüssig werden, und die Liebe ist Schwankungen ausgesetzt und kann manchmal ganz verloren gehen. Auch gelingt es uns nicht, immer wachsam zu sein, immer achtsam zu leben. Der Mensch braucht noch etwas anderes, das ihn erfüllt. Er braucht eine sinnvolle Tätigkeit, die ihm selber Freude macht und die zugleich anderen Menschen dient. Das findet Hans im Scherenschleifen.

6. Der Scherenschleifer

Als Hans dem Scherenschleifer begegnet, singt dieser fröhlich vor sich hin: „Ich schleife die Schere und drehe geschwind. Und hänge mein Mäntelchen nach dem Wind." Er hat also Freude an seiner Arbeit. Aber wenn er seinen Mantel nach dem Wind hängt, meint das, dass er sich den Erwartungen der Menschen fügen muss. Er muss sich verbiegen, um Aufträge für die Arbeit zu bekommen. Dennoch ist der Scherenschleifer fröhlich. Hans fragt ihn nach dem Grund seiner Fröhlichkeit. Dieser antwortet ihm: „Das Handwerk hat einen goldenen Boden. Ein rechter Schleifer ist ein Mann, der, sooft er in die Tasche greift, auch Geld darin findet." Das fasziniert Hans. Der Scherenschleifer redet Hans also ein, er werde immer Geld in der Tasche springen hören, wenn er Scherenschleifer sei. Und so tauscht Hans seine Gans gegen die beiden Schleifsteine ein. Hans ist glücklich: „Ich muss in einer Glückshaut geboren sein, alles, was ich wünsche, trifft ein, wie bei einem Sonntagskind." Es ist erstaunlich, dass er seine Tauschgeschäfte immer als Glück ansieht. Denn in Wirklichkeit hat er immer weniger in der Hand.

Was Hans am Scherenschleifer fasziniert, ist zum einem seine Fröhlichkeit bei der Arbeit, zum anderen die Aussicht auf gutes Geldverdienen. Hier wendet sich Hans vom Genuss ab. Er spürt, dass der Genuss ihn nicht immer erfüllen wird. Der Sinn des Lebens kann nicht darin bestehen, möglichst viel zu genießen. Er spürt, dass die

Tätigkeit, die Arbeit den Menschen glücklich machen kann. Da ist zunächst das Tun selber, das man fröhlich verrichtet. Und zudem das Geld, das man damit verdient. Heute spricht man von „New work". Damit meint man, dass die Arbeit einem selber Spaß machen soll. Früher sprach man von „Work-Life-Balance". Man soll eine gute Balance zwischen Arbeit und Leben herstellen. Dahinter steckte die Vorstellung, dass die Arbeit eine Last ist und das Leben danach beginnt. Dagegen versucht man heute, die Arbeit selbst als Leben zu sehen. Wenn ich kreativ in meiner Arbeit bin, dann macht sie Spaß, dann ist sie nicht einfach eine Last, die ich möglichst schnell abschütteln möchte. Vielmehr spüre ich bei der Arbeit Freude und Lebendigkeit. Ich bin kreativ und kann mit Menschen kommunizieren. Und ich stifte mit meiner Arbeit anderen Menschen Hoffnung. Der Scherenschleifer vermittelt seinen Kunden die Hoffnung, dass ihre Schere wieder schneidet. Wenn ich die Arbeit so sehe, dann ist das ganze Leben voller Lebendigkeit: die Zeit der Arbeit und die Zeit daheim.

Hans geht mit den Steinen weiter zum Haus der Mutter. Doch unterwegs wird er müde. Die Steine drücken ihn und er hat Hunger. Die Arbeit ist nicht immer ein Vergnügen. Sie kann uns auch ermüden. Und wir spüren die Last der täglichen Arbeit, so wie Hans die Steine spürt, die ihn ganz erbärmlich drücken. Jetzt „konnte er sich des Gedankens nicht erwehren, wie gut es wäre, wenn er sie gerade jetzt nicht zu tragen bräuchte".

In der Arbeit sehnen wir uns nach der Freizeit, in der wir ausruhen und uns erholen können, in der wir uns das holen können, was wir brauchen, was uns guttut. Die Arbeit hat immer zwei Seiten: die Lust bei der Arbeit und die Last, die sie bedeutet. Manche gehen mit dem Gefühl in die Arbeit, dass sie erdrückt werden von der Menge der Arbeit oder auch von der negativen Atmosphäre, die in der Firma herrscht.

So kommt Hans an einen Brunnen. Er legt die Steine auf den Brunnenrand und möchte trinken. Da stößt er aus Versehen die Steine in den Brunnen. Jetzt hat Hans alles verloren. Doch er reagiert wieder mit Freude, als ob er jetzt das Eigentliche gefunden hätte, das ihn glücklich macht. Er dankt Gott, dass er ihn von den schweren Steinen befreit hat.

7. Das reine Glück

*B*isher war das Glück von Hans immer abhängig von dem, was er gerade besaß oder beim Scherenschleifer von dem, was er tat, was er durch die Arbeit bewirkte. Jetzt springt er vor Freude auf und dankt Gott, „dass er ihm auch diese Gnade erwiesen und ihn auf eine so gute Art und ohne dass er sich einen Vorwurf zu machen bräuchte, von den schweren Steinen befreit hätte". Jetzt macht Hans eine wichtige Erfahrung: Es kommt nicht auf das an, was ich habe oder was ich tue, sondern darauf, was ich bin. Jetzt ist er einfach da und freut sich an seinem Leben. Er fühlt sich frei von der Last des Goldklumpens, von der Schnelligkeit des Pferdes, von der Kuh, die nicht eingelöst hat, was sie versprach, vom Schwein, das gestohlen war, von der fetten Gans und von den Schleifsteinen, die ihm zu schwer wurden und ihn ermüdeten. Jetzt ist er einfach ganz er selbst. Er genießt das reine Sein, ohne Absicht, ohne Druck, etwas haben oder etwas tun zu müssen.

Jesus hat nach seiner Auferstehung zu seinen Jüngern gesagt: „Ich bin ich selbst" (Lk 24,39). Im Griechischen lautet das: „ego eimi autos." „Autos" ist für die stoische Philosophie das innere Heiligtum, zu dem die Erwartungen und Meinungen der anderen keinen Zutritt haben, in dem ich in Berührung bin mit dem reinen Selbst, mit meinem unverfälschten Kern. In der geistlichen Begleitung gebe ich den Menschen oft die Übung auf, sie sollten einen ganzen Tag lang immer wieder sich vorsagen: „Ich bin ich selbst." Sie sollen das beim Aufstehen, beim Frühstück, bei der Arbeit, in Gesprächen und Sitzungen immer wieder still vor sich hersagen. Durch diese Übung werden wir erkennen, wie oft wir nicht wir selbst sind, wie oft wir uns anpassen, damit wir die Erwartungen der anderen erfüllen, um uns beliebt zu machen. Oft genug setzen wir uns unter Druck, den Erwartungen der anderen zu entsprechen, uns so zu geben, dass es gut bei den anderen ankommt. Doch dann sind wir nicht wir selbst. Wir verbiegen uns. Wenn wir ganz wir selbst sind, dann sind wir frei, frei von dem Druck, uns selbst darstellen zu müssen, uns rechtfertigen, uns beweisen, etwas vorweisen zu müssen. Wir sind einfach. Wir können uns einlassen auf die Menschen, ohne die Nebenabsicht, ihnen imponieren zu wollen. Aber gerade so sind wir ganz präsent und können dem anderen viel tiefer begegnen, als wenn wir ihm nur unsere Fassade zeigen.

Wenn wir ganz wir selber sind, dann fühlen wir uns frei. Dann sind wir im Einklang mit uns selbst. Dann sind wir glücklich. Das zeigt Hans im Glück. Wir meinen, er sei dumm und habe alles verloren. Doch er hat alles gewonnen. Er hat sich selbst gewonnen. Das genügt ihm. Er springt und freut sich am Leben. „Mit leichtem Herzen und frei von aller Last sprang er nun fort, bis er daheim bei seiner Mutter war." Wer ganz er selbst geworden ist, der fühlt sich frei von aller Last, sich beweisen zu müssen, und er fühlt sich innerlich frei.

Er fühlt sich auch frei von Schuldgefühlen. Hans hat Gott gedankt, dass er ihn von den Steinen befreit hat, „ohne dass er sich einen Vorwurf zu machen bräuchte". Wir machen uns oft Vorwürfe, wenn wir etwas verloren haben, wenn wir das Geld falsch angelegt haben, wenn wir den Geldbeutel verloren haben oder wenn wir durch Unachtsamkeit etwas beschädigt haben, das Auto, die kostbare Vase, die Fensterscheibe. Unsere Selbstvorwürfe lassen uns nicht zur Ruhe kommen. Viele Menschen können die Stille nicht aushalten, weil dann ständig die inneren Stimmen kommen: Das hast du falsch gemacht. Wie konntest du nur so unachtsam sein, mit dem Auto die Garagentür zu streifen? Das kostet alles Geld. Warum warst du so dumm, dich von diesem Mann betrügen zu lassen? Hans hält sich nicht mit Selbstvorwürfen auf. Er fühlt sich frei. Gott hat ihm die Last abgenommen. Diese Sichtweise ist natürlich nicht so einfach. Wenn wir den Geldbeutel verlieren, dann ärgern wir uns und bekommen Angst, dass jemand unsere Kreditkarte oder unseren Ausweis missbraucht. Aber zugleich merken wir, wie abhängig wir davon sind, Geld bei uns zu haben und vor den Behörden die nötigen Papiere vorweisen zu können. Wenn wir dem Beispiel von Hans im Glück folgen würden, könnten wir sagen: Das ist wirklich dumm. Aber es zeigt dir auch, wie abhängig du von äußeren Dingen bist. Hans will uns lehren, das, was wir verloren haben, loszulassen und unsere Aufmerksamkeit auf das zu lenken, was wir sind.

Doch Hans war nicht nur zum Schluss glücklich. Er war die ganze Geschichte über glücklich. Jens Wimmers hat dieses Märchen von der Philosophie her gedeutet. Er versteht den Weg von Hans zu seiner Mutter als Bild für unser ganzes Leben. Hans wandert und wandelt sich dabei. Der Weg führt ihn zur Mutter, zum Ausgangspunkt seines Lebens. Man kann das als Regression bezeichnen. Doch man könnte die Mutter auch als Ziel seines Weges verstehen. Die Mutter ist nicht nur der Ursprung unseres Lebens, sondern auch das Ende. Wir sterben – so sagt die christliche Tradition – in Gottes mütterliche Arme hinein. Und Gott braucht man nichts mitzubringen als sich selbst. Gott braucht unser Geld, unseren Besitz nicht. Er braucht auch nicht unsere Erfolge, mit denen wir glänzen, und nicht die Arbeit, die wir geleistet haben. All das ist in der Begegnung mit Gott nicht wichtig. Es geht darum, dass wir Gott begegnen als die, die wir in Wahrheit sind. Vor Gott erscheinen wir als die, die wir sind, und nicht als die, die etwas haben oder vorweisen können.

So ist der Weg von Hans kein zufälliger Weg, sondern ein Weg, der ihn zum Ziel führt. Wimmers meint, wenn Hans den Goldklumpen nach Hause getragen hätte, wäre das ein „Zerrbild eines Lebens, in dem nur eine Entscheidung gefällt und eine einzige Handlung vollzogen wird". Das wäre langweilig. Wir leben immer wieder in verschiedenen Situationen, die auf uns treffen. Hans entscheidet in jeder Situation, wie er handeln soll. Die

Entscheidungen, die er getroffen hat, erzeugen in ihm Freude und Glück. Doch nach einiger Zeit bewirken sie in ihm auch eine Ermüdung oder „Verdrießlichkeit", wie es im Märchen oft heißt. Er klammert sich dann nicht an die alte Entscheidung, an das, was er hat, sondern er wählt immer das, was ihn im Augenblick glücklich macht. Er entscheidet sich „immer wieder neu, unter Berücksichtigung sich wandelnder Situationen" (Wimmers). Es gehört zu einem glücklichen Leben, dass wir immer wieder neu – je nach der Situation – uns entscheiden. Natürlich gibt es Entscheidungen für das ganze Leben, etwa die Entscheidung einen Partner / eine Partnerin zu heiraten oder ins Kloster zu gehen. Doch die anfängliche Entscheidung muss immer wieder neu getroffen oder aber den Umständen angepasst werden.

Ich bin vor 59 Jahren ins Kloster eingetreten und habe mich dafür entschieden. Aber die Gründe, weshalb ich mich für das Kloster entschieden habe, haben sich in dieser langen Zeit gewandelt. Damals bin ich eingetreten, um etwas für die Kirche zu leisten, um in der Mission Menschen zu Christus zu bekehren. Doch dann hatte der Abt die Idee, dass ich Cellerar, wirtschaftlicher Leiter der Abtei, werden sollte. Damit war die Missionsidee gestorben. Doch ich habe mich dann für diesen Weg entschieden. Und er war für mich gut. Ich habe mich auf diesem Weg immer wieder neu entschieden, wie ich das Amt eines wirtschaftlichen

Leiters mit der Seelsorge und mit der Theologie verbinden kann. Wenn ich heute zurückschaue, so sind die Gründe, warum ich heute im Kloster bin, andere als die Gründe, aus denen ich eingetreten bin. Heute spüre ich, dass dieses benediktinische Leben für mich stimmt, dass es mir guttut und dass es mich lebendig hält: das Miteinander von Gemeinschaft und Einsamkeit, von Gebet und Arbeit, von innen und außen, von Kontemplation und Engagement für die Welt zu leben. Hans im Glück hatte ein Gespür für das, was jetzt für ihn mehr zum Glück beiträgt.

Auf den ersten Blick denken wir, dass Hans naiv ist, dass er etwas Wertvolles gegen etwas Minderwertiges eintauscht. Und wir haben den Eindruck, dass er sich immer übers Ohr hauen lässt. Der Bauer, der ihm das Pferd für seine alte Kuh abnimmt, weiß genau, dass das Pferd wertvoller ist. Der Mann, der ihm das Schwein ausredet, weiß genau, dass das Schwein mehr wert ist als die Gans. Aber Hans spürt bei all dem, was er gerade in den Händen hat, eine Verdrießlichkeit. Und diese Verdrießlichkeit wird ihm genommen. Daher freut er sich bei jedem Tausch. Über den Tausch des Pferdes gegen die Kuh heißt es: „Hans willigte mit tausend Freuden ein." Und als er seine Kuh vor sich hertreibt, „bedachte er den glücklichen Handel". Er fühlt sich also glücklich mit seiner Kuh. Doch dieses Glück dauert nicht lange. Als er das Schwein dafür eintauscht, überdenkt er, „wie ihm doch alles nach Wunsch ging: Begegnete ihm ja eine

Verdrießlichkeit, so würde sie doch gleich wieder gut gemacht." Hans reagiert auf jeden Tausch mit Freude und er fühlt sich glücklich. Das ist durchaus eine Haltung, die wir von ihm lernen können. Glück bedeutet nicht etwas Statisches, das wir für immer besitzen können. Es stellt sich immer ein, wenn wir für den Augenblick das tun, was uns Freude macht. Hans trauert nicht dem Pferd oder der Kuh oder dem Schwein oder der Gans nach, sondern er lässt sich immer neu auf das ein, was ihm gerade geschenkt wird. Darin besteht seine Lebenskunst, die wir von ihm lernen können.

Jens Wimmers bewertet das Verhalten von Hans als rational: „Da die Realität und mit ihr die auf sie bezogenen Erfahrungen und Überzeugungen im Wandel sind, verändern sich auch die Gründe. Die Rationalität fordert also, dass der Handelnde offen ist für sich wandelnde Gründe. Er muss sein Handeln in jeder Situation neu begründen" (Wimmers). Der Philosoph sieht im Verhalten von Hans nicht nur Vernünftigkeit, sondern auch Weisheit. Natürlich ist das nur eine Sicht. Das Märchen hat noch viele andere Aspekte. Man kann es psychologisch, philosophisch oder theologisch auslegen. Es kommt immer auf die Brille an, mit der wir auf das Märchen schauen. Aber immer wieder werden wir darin eine tiefe Weisheit entdecken.

Die spirituelle Weisheit besteht für mich in diesem Märchen darin, dass Hans immer wieder loslässt. Das

Loslassen ist eine entscheidende Botschaft Jesu. An seine Jünger richtet er die Worte: „Wer mein Jünger sein will, der verleugne sich selbst, nehme sein Kreuz auf sich und folge mir nach. Denn wer sein Leben retten will, wird es verlieren, wer aber sein Leben um meinetwillen verliert, wird es gewinnen" (Mt 16,24 f.). Dieses Wort ist oft falsch gedeutet worden. Wir dürfen nicht unser Selbst, unser innerstes Wesen verleugnen. Das griechische Wort „aparneisthai" meint: nein sagen, sich weigern. Es geht darum nein zu sagen zu den Ansprüchen des Ego. Bei allem, was Hans im Glück immer wieder loslässt, geht es letztlich darum, sein Ego loszulassen. Wer bereit ist, sein Ego loszulassen, der wird das Leben gewinnen, der wird glücklich werden. Wer nur um sein Ego kreist, wird unglücklich. Er isoliert sich von den Menschen und wird merken, dass das Kreisen um das Ego ihn nicht befriedigt. Menschen, die ihr Ego losgelassen haben, sind offen für die Menschen. Von ihnen geht etwas Angenehmes aus.

Die Weisheit des Märchens „Hans im Glück" möchte ich anschauen, indem ich die erste Seligpreisung Jesu bedenke. Für mich zeigt das Märchen, wie wir gerade dann, wenn wir alles loslassen, wenn wir uns unserer Armut stellen, die wesentlich zu unserem Menschsein gehört, glücklich werden. Dabei bedeutet Armut nicht, dass wir kein Geld besitzen. Es geht um die Armut im Geiste, um eine innere Haltung den Dingen, dem Besitz und dem Erfolg gegenüber.

8. Die erste Seligpreisung Jesu

Das Märchen „Hans im Glück" ist für mich eine erzählerische Weise, die erste Seligpreisung Jesu zu verstehen. In dieser Seligpreisung geht es nicht darum, dass die glücklich sind, die nichts haben, die kein Geld haben, sondern die, die nicht am Geld oder Besitz kleben. Die Buddhisten nennen das „Nicht-Anhaften". Das Märchen zeigt einen Weg auf, wie wir zu diesem Nicht-Anhaften, zur Armut im Geist gelangen können. Auch die Seligpreisung Jesu bezeichnet einen Weg, wie wir zum Glück gelangen. Die Armut im Geiste verlangt von uns Arbeit an uns selbst. Armut im Geist ist letztlich die Haltung, die viele geistliche Schriftsteller und Mystiker vom Menschen fordern und die auch Psychologen als Weg zum wahren Glück sehen. Es ist die Haltung der inneren Freiheit und Unabhängigkeit. Jesus preist nie einfach nur die selig, die kein Geld haben. Denn nichts zu haben, besitzlos zu sein, ist für die Bibel kein erstrebenswertes Ziel. Jesus geht es um die innere Freiheit. Ich hänge nicht an den Dingen, nicht an den Menschen. Ich brauche den Reichtum nicht. Und ich definiere mich nicht über meinen Erfolg. Wenn ich etwas habe, kann ich es auch mit anderen teilen. Ich kann es genießen, aber ich jammere nicht, wenn ich es nicht bekomme. Diese innere Freiheit den Dingen und Bedürfnissen und den Erfolgen gegenüber ist die Voraussetzung zu wahrem Glück. Das haben schon die stoischen Philosophen in Griechenland erkannt. Für sie ist Glück immer innere Freiheit.

Die Mystiker haben die Armut im Geist auf ihre Weise verstanden. Es ist die Freiheit nicht nur vom Besitz, sondern letztlich die Freiheit vom eigenen Ego. Wer im Geist arm ist, der ist offen für sein wahres Wesen, der ist offen für Gott, der in ihm ist. Meister Eckehart spricht in einer Predigt über Mt 5,3 von einer dreifachen Armut: Arm im Geist ist der, der nichts will, der nichts weiß und der nichts hat. Für den spirituellen Menschen heißt das, dass er auf seinem spirituellen Weg nichts erreichen will. Er benutzt Gott nicht, um etwas für sich zu haben, um die Erfüllung seiner Wünsche zu erleben oder um sich in Gott wohler oder sicherer zu fühlen. Armut im Geist heißt Absichtslosigkeit. Und diese Absichtslosigkeit ist gerade im Umgang mit Gott und auch im Umgang mit Menschen die Voraussetzung für eine gelingende Begegnung. Wenn jemand etwas von mir will, dann begegne ich ihm nur in einer ganz eingeschränkten Weise. Es kann in dieser Begegnung keine Verwandlung stattfinden, keine Berührung des anderen. Es ist eine geschäftsmäßige Beziehung. Sie entspricht nicht dem Geheimnis personaler Begegnung. Die Absichtslosigkeit haben auch die Weisen des Ostens als Weg zum inneren Glück beschrieben.

Die zweite Form der Armut ist, dass wir nichts wissen. Ähnliche Worte finden wir in der Weisheitsliteratur aller Völker. Der wahre Weise weiß, dass er nichts weiß. Doch Meister Eckehart versteht dieses Wort noch etwas anders. Der wahre Weise weiß auch nichts von

Gottes Wirken in sich selbst. Er überlässt sich einfach Gott. Doch er weiß nicht, wie Gott und wann und wo Gott in ihm wirkt. Er verzichtet darauf, Gottes Wirken zu erklären. Er überlässt sich dem Geheimnis seiner Gnade. Er beschränkt sich auf die Auswirkungen von Gottes Handeln. Aber er verzichtet darauf, alles genau zu erklären. Er lässt alles Herrschaftswissen los und sehnt sich nach der wahren absichtslosen Weisheit.

Und Armut heißt drittens, dass ich nichts habe. Nichts gehört mir, weder ein Mensch noch mein Haus, noch mein Leben, noch mein Erfolg. Ich darf alles genießen. Aber ich weiß, dass es mir nur geliehen ist. Mein Leib ist mir geschenkt. Aber ich kann ihn nicht besitzen und durch gesunde Lebensweise sein Funktionieren garantieren. Ich bin mein Leib. Aber er entzieht sich mir auch. Menschen, die ich liebe, gehören mir nicht. Sie sind frei. Und nur wenn ich sie frei lasse, vermag ich sie wirklich zu lieben. Vor allem aber gehört mir Gott nicht. Ich besitze Gott nicht, ich ergebe mich in ihn hinein, ohne etwas in Händen zu haben. So ist für Meister Eckehart die Armut im Geiste die entscheidende Haltung Gott gegenüber. Gott begegnet uns. Er wird eins mit uns. Aber wir können ihn nicht festhalten. Er ist der Unverfügbare, der sich unserem Zugriff entzieht. Nur der, der sich Gott mit offenen und leeren Händen naht, kann ihn als das große Glück erfahren. Wer Gott mit seinen Händen festklammern will, berührt ihn nicht. Er hält nur seine eigenen Bilder von Gott fest. Aber Gott selbst entzieht sich ihm.

Für Gregor von Nyssa ist die Armut im Geiste die Bedingung, sich in Freiheit zu Gott zu erheben. Er deutet diese Seligpreisung also nicht moralisierend als Verzicht auf allen Besitz, sondern mystisch als Weg zu Gott: „Willst du wissen, wer arm im Geiste ist? Derjenige, welcher den Reichtum der Seele für das Wohlergehen des Leibes eintauscht; der um des Geistes wegen Not leidet, der den irdischen Reichtum wie eine Last abschüttelt, damit er sich emporheben und durch die Lüfte nach oben sich schwingen kann" (Gregor 163). Die innere Armut erhebt also die Seele zu Gott. Sie befreit uns von aller Anhänglichkeit. Besitz zieht nach unten. Das hat Hans immer wieder erfahren. Der Goldklumpen drückt ihn und auch der Schleifstein. Als er alles verliert, fühlt er sich wahrhaft frei. Die Mystiker würden das so deuten: Der Geist, der frei geworden ist vom Anhaften an das Materielle, kann sich in der Kontemplation zu Gott erheben und mit Gott eins werden. Hans im Glück macht sich nicht abhängig von dem, was er besitzt. Er nimmt das an, was Gott ihm gerade schenkt. Aber er hängt sich nicht an das Pferd oder die Kuh. Er ist bereit, alles loszulassen, bis er sich selbst findet. Das Märchen zeigt unseren Weg. Ans Ziel, in die ewige Geborgenheit bei Gott gelangen wir nur, wenn wir uns nicht an die Dinge dieser Welt hängen, wenn wir uns nicht auf unseren Erfolg, auf die Bestätigung und Anerkennung durch andere verlassen, sondern indem wir uns zwar – wie Hans im Glück – auf das Leben, auf den Besitz und auf den Erfolg einlassen, aber nicht an ihnen kleben, uns nicht damit identifizieren. Das meint die innere Freiheit, die Armut im Geiste, die uns das Märchen auf eine eher weltliche und amüsante Weise vor Augen führt.

Die erste Seligpreisung ist ein Weg zur inneren Freiheit und so zum wahren Glück. Aber sie ist zugleich auch Verheißung an die, die nichts in den Händen haben, die sich vor Gott ohnmächtig fühlen, die mit ihrer ganzen Existenz spüren, dass sie auf Gott angewiesen sind. Und sie ist eine Verheißung für die, die keinen spirituellen Weg gehen können, die einfach nur enttäuscht sind über sich selbst, die in sich gefangen sind. Das hat Boris Pasternak meisterhaft dargestellt in seinem Roman „Doktor Schiwago" in der Szene, in der Lara, die von einem reichen Anwalt verführt worden ist, innerlich leer und verzweifelt sich in eine Kirche flüchtet: „Lara war nicht fromm. Sie glaubte nicht an kirchliche Dogmen und Riten. Aber manchmal bedurfte sie einer gewissen inneren Musik, um das Leben ertragen zu können. Diese Musik konnte man nicht aus eigener Kraft bei jeder Gelegenheit komponieren. Lara fand etwas von dieser Musik in Gottes Wort über das Leben. Und sie ging deshalb in die Kirche, um hierbei weinen zu können" (Pasternak 62). Lara hört, wie der Geistliche die Seligpreisungen herunterleiert, ohne innere Beteiligung: „Selig sind die geistlich Armen ... Selig sind die Leidtragenden ... Selig sind, die da hungern und dürsten nach Gerechtigkeit ... Lara fuhr zusammen: Man sprach ja von ihr, sie war gemeint. Er hatte gesagt: Selig sind die Leidtragenden, die Schwachen und Unterdrückten. Sie haben der Welt etwas Besonderes zu sagen, ihnen gehört die Zukunft. Das also hatte Er gedacht. Das war Seine Meinung. Das hatte Christus gelehrt" (ebd. 63). Für viele Menschen, die das Gefühl haben, Gott nichts vorweisen zu können, auch keinen spirituellen Weg, auch nicht die Kunst des Loslassens oder Nicht-Anhaftens, die einfach nur an sich selbst leiden, die sich arm und ohnmächtig, leer und bedrückt fühlen, sind die Seligpreisungen ein Wort der Hoffnung. Mitten in ihrer Armut und in ihrem Leid hören sie die Zusage Jesu, dass sie die besondere Nähe Gottes erfahren werden, dass sie vor Gott eine unantastbare Würde haben. Das verwandelt ihre Not. Sie fühlen sich nicht mehr allein gelassen, sondern getragen und ernst genommen. Sie haben die Armut im Geiste nicht eingeübt. Das Leben hat ihnen alles entrissen, nicht nur den Besitz, sondern auch das Gefühl für die eigene Würde. Aber nun, da sie von allem entblößt sind, dürfen sie die Zusage erfahren, dass sie nicht weit vom Reiche Gottes entfernt sind, ja dass sich Gott ihnen in besonderer Weise zuwendet. Das gibt ihnen ihre Würde wieder. Das ist für sie ein Wort der Hoffnung, dass auch ihr Leben trotz allem gelingen kann.

Wie das Glück aussieht, das durch die Armut im Geiste in uns wächst, konkretisiert Jesus in dem Nachsatz „denn ihnen gehört das Himmelreich". Das Himmel-

reich ist bei Matthäus das, was Jesus im Markus-
evangelium „Reich Gottes" nennt. Himmelreich ist der
Ort, in dem Gott in uns herrscht. Wer arm ist im Geist,
der verzichtet darauf, alles in den Griff zu bekommen
und alles in sich zu kontrollieren. Er ist offen für Gottes Herrschaft. Dort, wo Gott in ihm herrscht, wird er
ganz er selbst. Da wird er nicht mehr beherrscht von
den Erwartungen der anderen und auch nicht von seinen Bedürfnissen. Dort ist er auch nicht abhängig von
den Meinungen der anderen. Dem Hans im Glück ist
es nicht wichtig, was die anderen von ihm denken. Er
handelt so, wie es seinem Innersten entspricht, ganz
gleich, wie die anderen das beurteilen. Wo Gott in uns
herrscht, dort sind wir wahrhaft frei und finden zu unserem wahren Selbst. Im Bild des Himmelreiches, das
Matthäus verwendet, klingt noch ein anderes Bild mit.
Dort, wo Gott in uns herrscht, geht der Himmel über
uns und in uns auf. Dort erleben wir in uns den Himmel.
Das Wort „Himmel" drückt das Bergende, Schützen-
de aus. Aber Himmel bedeutet immer auch Weite. In
der Verheißung „ihnen gehört das Himmelreich" steckt
die Erfahrung, dass der Mensch, in dem Gott herrscht,
eine innere Weite und Freiheit erfährt. Angelus Silesius
hat das so ausgedrückt: „Der Himmel ist in dir. Suchst
du ihn anderswo, du fehlst ihn für und für." In uns ist der
Himmel, in dem wir in uns selbst daheim sind, in dem
wir von der Herrlichkeit und Liebe Gottes erfüllt sind.
Johann Baptist Metz hat in seinem frühen Buch „Armut
im Geiste" die erste Seligpreisung auf seine Weise aus-

gelegt. Er stellt fest, dass die Armut „keine beliebige Tugend unter anderen, sondern die notwendige Zutat jeder wahrhaft christlichen Lebenshaltung" ist (Metz 27). Er spricht von der eingeborenen Armut, die wesentlich zu unserem Menschsein gehört: „Wir alle sind die großen Bedürftigen, Kinder jenes Geschlechtes, das nicht an sich selbst genug hat, Wesen der unbegrenzten Fragwürdigkeit, des unruhigen, und ungesättigten Herzens, des suchend erhobenen Antlitzes und der ausgebreiteten Arme, von allen Kreaturen die ärmlichsten, die am wenigsten ‚fertigen', da wir immer mehr bedürfen" (Metz 29 f.). Für ihn bedeutet Armut im Geist, sich mit seiner inneren Armut auszusöhnen. Und Armut ist für ihn immer: Hingabe. Sie gehört für ihn zum Wesen des Menschen: „Wer nun aber dies vermag, wer dahingehend sich vergessen und verlieren kann, wer sein Herz ‚vergeblich' preisgeben kann, der ist der vollendete Mensch" (Metz 36 f.). Die Hingabe verweist uns immer schon auf den Bruder und auf die Schwester. So verwandelt die Armut nicht nur uns selbst, sondern auch unsere Beziehung zum Mitmenschen. Wir sind frei, uns dem anderen hinzugeben, uns für ihn einzusetzen.

Metz beschreibt verschiedene Gestalten der Armut, die wesentlich zu unserem Menschsein gehören. Da ist die Armut der Gewöhnlichkeit, sich einfach auf das einzulassen, was ist, auf die Eintönigkeit des Alltags, auf die konkreten Pflichten, die wir haben. Armut ist für ihn das „Wunder der leeren Hände", von der der französische Schriftsteller Georges Bernanos spricht. Eine andere Form der Armut ist die Armut der Vor-läufigkeit. „Unsere geschichtliche Gegenwart steht in der Armut der Vor-läufigkeit" (Metz 46). Wir sind noch nicht die, die wir sein könnten. Wir können uns nicht einfach einrichten in einer bequemen Wohnung. Jesus deutet diese Armut mit seinem Satz: „Die Füchse haben ihre Höhlen und die Vögel ihre Nester; der Menschensohn aber hat keinen Ort, wo er sein Haupt hinlegen kann" (Lk 9,58). Eine andere Gestalt der Armut ist die Armut der Endlichkeit. Unser Leben ist begrenzt. Wir gestalten unser Leben durch unsere Entscheidungen, aber wir können die Entscheidungen nicht endlos wiederholen. Es gibt den Kairos, den rechten Augenblick für die Entscheidung. Wenn wir ihn verpassen, erleben wir schmerzlich die Armut der Endlichkeit. Wir müssen betrauern, wenn wir uns einen Weg verbaut haben oder wenn eine Entscheidung nicht weiterführt. Nur dann können wir getrost in die Zukunft gehen.

Für Metz ist die Armut im Geiste immer auch Liebe. Wirklich lieben kann nur der, der sich loslässt, der „sich ungeschützt und fraglos, ‚vergeblich' dahingeben kann und diese Hingabe in schmerzlich-einsamer Treue ein Leben lang bewährt" (Metz 52). Jede gelingende Begegnung bedarf der Armut im Geiste. Denn wir müssen „uns vergessen können, zurücktreten, damit der andere in seiner Einmaligkeit bei uns wirklich ankomme" (ebd. 52). In jeder Begegnung geht es darum, dass wir die Bilder loslassen, die wir vom anderen haben, und unsere eigenen Selbstbilder. Wir müssen uns nicht beweisen oder darstellen. Wir gehen als wir selbst in die Begegnung, offen und frei für das Geheimnis des anderen.

Die letzte Gestalt der Armut im Geiste ist die Armut des Todes. Im Tod haben wir nichts mehr in Händen. Da gilt es, sich ganz und gar loszulassen in die liebenden Arme Gottes. Und es geht darum, unsere Kontrolle loszulassen. Der Mensch möchte heute alles kontrollieren, seine Geburt und seinen Tod. Er möchte selbst beschließen, wann und wie er stirbt. Doch das widerspricht der Armut im Geiste, die wesentlich zu unserem Menschsein gehört. Die Armut im Geiste wird im Tod „zur Schwelle der Gottbegegnung ... in der großen Armut des Todes tastet Gott selbst sich an uns heran" (Metz 55).

Wenn wir die erste Seligpreisung und die Gedanken von Johann Baptist Metz nun am Ende mit dem Märchen verbinden und das Märchen bewusst von den biblischen und theologischen Gedanken her interpretieren, könnten wir Folgendes sagen: Hans im Glück lebt das Nicht-Anhaften, die Armut im Geist, von der Jesus spricht. Er ist kein asketischer Typ, der auf alles verzichtet. Er kann durchaus genießen und freut sich am Leben. Aber diese Freude und sein Glücksgefühl kommt aus der inneren Freiheit den Dingen und dem Erfolg gegenüber. Er kann sofort loslassen, wenn etwas Neues in sein Leben einbricht. Das Loslassen ist die Bedingung, dass in uns etwas Neues wachsen kann. Wer immer am Alten festhält, der erstarrt innerlich.

Die theologischen Gedanken von Johann Baptist Metz zeigen uns, dass die Armut im Geist eine wesentliche Haltung des Menschen ist, dass sie seinem Wesen entspricht. Das Märchen „Hans im Glück" beschreibt daher das Wesen des Menschen. Der Mensch ist immer auf dem Weg der Verwandlung. Das drückt das Märchen mit der Siebenzahl aus. Das Ziel der Verwandlung ist, immer mehr man selbst zu werden. Hans verwandelt leidvolle Erfahrungen in die tröstliche Gewissheit, dass sein Leben einen Sinn hat und dass Gott für ihn sorgt. Auf diesem Weg der Verwandlung wird Hans immer mehr er selbst, er kommt bei sich an, bei seinem wahren Selbst, indem er all das, was er genossen hat, loslässt. Metz betont immer wieder, dass wir weder Gott besitzen können noch unsere Spiritualität. Man kann auch seine spirituelle Praxis wie einen Besitz ansehen und sich damit über andere stellen. Und man kann seine Spiritualität, sein Beten und seine Rituale als einen inneren Besitz betrachten, mit dem man sich vor dem eigenen wahren Selbst absichert. Doch die Armut, wie sie Metz versteht, „schleift die Bastionen aller selbstfabrizierten Sicherung, nimmt ihm die gewohnten und vertrauten, längst eingeübten Horizonte seines täglichen Lebens" (Metz 32 f.).

Hans ist kein griesgrämiger Mensch. Er begegnet den Menschen freundlich, spricht mit ihnen und dankt ihnen, wenn sie seinen Besitz mit ihrem eintauschen. Von Hans geht Liebe aus. Sein Weg der Selbstwerdung ist kein Kreisen um sich selbst, sondern er geht über die Begegnung mit Menschen. Es gab in der Geschichte des Christentums immer auch Asketen, die darauf fixiert waren, eine möglichst starke Askese zu treiben, andere mit ihrem Fasten zu übertreffen. Doch sie waren in Wirklichkeit keine spirituellen Menschen. Sie haben die Armut im Geist nicht gelebt. Sie haben – wie Abba Poimen es einem berühmten Faster entgegenschleudert –, von der Bewunderung der Menschen gelebt. Das hat sie ernährt. Doch Armut bedeutet, dass wir uns auf die Menschen einlassen. Metz spricht von der Armut der Gewöhnlichkeit. Wir stellen uns nicht über andere, sondern begegnen ihnen auf gleicher Augenhöhe. Wir lassen uns auf die gewöhnlichen Dinge des Alltags ein und versuchen dort, im Alltag, das Loslassen zu üben. Paulus spricht davon, dass wir haben sollen, als hätten wir nicht (vgl. 1 Kor 7,29 f.). Das entspricht der Armut im Geiste, wie sie Hans im Glück gelebt hat.

Das Märchen beschreibt auch in heiteren Worten das, was Metz die Armut des Todes nennt. Hans wandert zur Mutter. Die Ankunft bei seiner Mutter wird nicht beschrieben. Es heißt am Schluss nur: „Mit leichtem Herzen und frei von aller Last sprang er nun fort, bis er daheim bei seiner Mutter war." Die Große Mutter steht in der Mythologie immer für den Tod, für das ewige Ruhen in Gott. Wie die Ankunft bei Gott sein wird, können wir letztlich nicht beschreiben. Wir können nur in Bildern darüber sprechen, dass wir in die mütterlichen Arme Gottes fallen und uns darin bergen. Das Märchen nennt das „daheim sein". Das ist das letzte Ziel unseres Weges, für immer bei Gott daheim zu sein, oder wie es Paulus ausdrückt: „Ich sehne mich danach, aufzubrechen und bei Christus zu sein" (Phil 1,23). Der Weg in die Armut des Todes geht darüber, dass wir alles loslassen oder auch, dass uns alles genommen wird. Wir haben nichts mehr in der Hand, keinen Besitz, keinen Erfolg und keine spirituelle Erfahrung, auf die wir stolz sein könnten. Wir geben uns in Gottes Hände als die nackte, verletzliche, verwundbare Person, die durch Fehler und Irrtum immer mehr in die eigene Wahrheit gelangt ist. Metz drückt das so aus: „Im gehorsamen Erleidnis dieser tiefsten Ohnmacht, in der der Mensch nichts mehr hat als die Hingabe selbst, und auch diese nur im Erlebnis totaler Entmächtigung, vollbringt sich die Armut im Geiste" (Metz 54). Wir haben nichts mehr in Händen, so wie Hans im Glück ohne jeden Besitz und ohne, dass er von seinen Erfolgen erzählen kann, bei der Mutter ankommt, um daheim zu sein. Daheim sind wir geborgen. Da werden wir angenommen, wie wir sind. Wir haben es nicht nötig, uns als etwas Besonderes darzustellen, mit unserem Reichtum oder mit unseren Erfolgen zu prahlen. Armut im Geist heißt letztlich, dass wir uns von Gott alles nehmen lassen, um von Gott die Fülle des Lebens zu erhalten.

Loslassen
und erfüllt leben

Das Märchen „Hans im Glück" erscheint auf den ersten Augenblick als lustiger Schwank. Doch wenn wir die Symbole dieses Märchens bedenken und den Weg von Hans als Beispiel für unseren gesamten Lebensweg verstehen, dann entdecken wir die Weisheit dieses Märchens. Erzählungen sind immer offen. Sie laden uns ein, uns darin wiederzufinden und unser eigenes Leben vom Märchen her zu deuten. Meine Auslegung ist nur eine von vielen. Jeder wird beim Lesen des Märchens mit sich selbst konfrontiert. Und er sieht vor dem Hintergrund seines eigenen Lebens und der Gedanken und Gefühle, die ihn prägen, neue Aspekte, die in diesem Buch nicht angesprochen werden. Auslegung ist immer Dialog. Und nach Hans-Georg Gadamer bedeutet Auslegung eines Textes immer Horizontverschmelzung. Der Horizont des Märchens verschmilzt mit dem Horizont des eigenen Selbstverständnisses. Und Verstehen eines Textes bedeutet immer: sich selbst besser verstehen.

Die zentrale Botschaft des Märchens ist, all das loszulassen, was uns sonst ausmacht: den Besitz, den Erfolg, die Anerkennung, die Leistung. Doch ein Grundsatz des geistlichen Lebens ist: Man kann nur loslassen, was man angenommen hat. Hans hat immer dankbar die Geschenke angenommen: Gold, Pferd, Kuh, Schwein, Gans und Schleifsteine. Aber nachdem er sie erlebt hatte, konnte er sie auch wieder leicht loslassen. Am Schluss hatte er nichts mehr, mit dem er angeben konnte. Aber jetzt fühlte sich erst recht glücklich. Denn er spürte sich selbst. Er konnte springen und tanzen und sich am Leben freuen, ohne dass er auf das Pferd oder die Kuh aufpassen musste. Was Hans am Ende seines Weges erlebte, ist die absolute Freiheit und das Stimmigsein mit sich selbst. Er ist nicht mehr von Dingen abhängig, aber auch nicht vom Urteil der Menschen. Er ruht einfach in sich selbst und drückt die Freude über sein Dasein aus im Springen und Tanzen.

Das Märchen beschreibt, wie wir gesehen haben, unseren Weg der Verwandlung, unseren Weg aus der Fremde in die Heimat, aus dem Weg von dem, der uns zur Arbeit, zur Leistung antreibt, hin zur Mutter, hin zu Gott, bei dem wir einfach sein dürfen, wie wir sind. Es ist ein spiritueller Weg, den das Märchen beschreibt, der Weg in die Armut des Geistes, die nach Metz das Wesen des Menschen beschreibt: Der Mensch gehört nicht sich selbst. Er wird Mensch durch die Hingabe. So ist die Armut im Geiste eine wesentliche Haltung, sein Menschsein in seiner Wahrheit zu verwirklichen.

So wünsche ich Ihnen, lieber Leser, liebe Leserin, dass Sie in der Betrachtung des Märchens und meiner Gedanken dazu mit sich selbst in Berührung kommen, mit dem Geheimnis Ihrer Person. Und ich wünsche Ihnen, dass der Weg von Hans Ihnen Mut macht, den eigenen Weg zu gehen, der ein Weg in die immer größere Lebendigkeit und Freiheit und Liebe ist, so wie „Hans im Glück" uns das schildert. Das Märchen will uns konkret zeigen, wie wir die Armut im Geiste leben können, von der Jesus spricht. Jesus verspricht den Armen im Geiste Glück. Denn er nennt sie selig. Das griechische Wort „makarios" bedeutet Glück. Und es bezeichnet das Glück der Götter, die auf dem Olymp wohnen und nicht unter der Last des Lebens leiden. Hans im Glück lebt etwas von dieser Freiheit der Götter, wie sie die Griechen verstanden. Das Märchen entspricht der Botschaft Jesu, die er uns in seinen Seligpreisungen verkündet. Es ist die Botschaft vom Weg, auf dem wir wahres Glück erleben können. Jesus weist uns einen Weg zu diesem Glück, einen Weg, der dem Weg des Märchens entspricht: den Weg immer radikalerer Freiheit und den Weg ehrlicher Selbstbegegnung, in der wir fähig werden, alle Bilder von uns loszulassen und uns auf das einmalige Geheimnis unserer Person einzulassen, des einmaligen Bildes, das Gott sich von uns gemacht hat.

Literatur

Meister Eckehart, Deutsche Predigten und Traktate, hrsg. u. übers. v. Josef Quint, München 1979.

Gregor von Nyssa, Acht Homilien über die acht Seligkeiten, in: Bibliothek der Kirchenväter, München 1927, 153–241.

Johannes Baptist Metz, Armut im Geiste, München 1962.

Boris Pasternak, Doktor Schiwago, Frankfurt 1957.

Jens Wimmers, Hans im Glück: Von der Lebensklugheit, Gastbeitrag in Wikipedia.

Anselm Grün
Vertraut dem guten Hirten
Worte der Hoffnung aus Psalm 23
80 Seiten, gebunden
ISBN: 9-783-7462-6165-2

„Der Herr ist mein Hirte ..." – In Konflikten und Krisen ist dieser Hoffnungspsalm ein Rettungsanker. Pater Anselm Grün meditiert in diesem Buch erstmalig Psalm 23 und die Zusagen des guten Hirten. Er gibt aber auch praktische Anregungen, wie Sie einen persönlichen Zugang zu diesem jahrhundertealten Text finden und ihn heute beten oder meditieren können.
Begleitet werden Pater Anselms Gedanken von ruhigen Naturaufnahmen, die zum Betrachten einladen.